LES 60 MEILLEURES SAUCES POUR PÂTES DU MONDE... POINT FINAL.
VÉRONIQUE PARADIS

PHOTOGRAPHIE : Antoine Sicotte
DIRECTION ARTISTIQUE : Antoine Sicotte et Véronique Paradis
CONCEPTION VISUELLE : Laurie Auger
DESIGN DE LA COUVERTURE : Laurie Auger
STYLISME CULINAIRE : Véronique Paradis
RÉVISION ET CORRECTION D'ÉPREUVES : Emily Patry et Rosalie Dion-Picard

COLLECTION SOUS LA DIRECTION DE : Antoine Ross Trempe

ISBN : 978-2-920943-61-2

©2012, LES ÉDITIONS CARDINAL
Tous droits réservés.

Dépôt legal : 2012
Bibliothèque et Archives du Québec
Bibliothèque et Archives Canada
ISBN : 978-2-920943-61-2

Nous reconnaissons avoir reçu l'aide financière du gouvernement du Canada par l'entremise du Fonds du livre du Canada (FLC) pour nos activités d'éditions ainsi que l'aide du gouvernement du Québec - Programme de crédits d'impôts pour l'édition de livre et Programme d'aide à l'édition et à la promotion - Gestion SODEC.

IMPRIMÉ AU CANADA

Distributeur exclusif
Pour le Canada et les États-Unis

MESSAGERIES ADP
2315, rue de la Province
Longueuil, Québec J4G 1G4
Téléphone : 450 640-1237
Télécopieur : 450 674-6237
Internet www.messageries-adp.com

Pour la France et les autres pays

INTERFORUM EDITIS
Immeuble Paryseine, 3, Allée de la Seine
94854 Ivry CEDEX - France
Téléphone : 33 (0) 1 49 11 56/91
Télécopieur : 33 (0) 1 49 59 11 33
Service commandes France Métropolitaine
Téléphone : 33 (0) 2 38 32 71 00
Télécopieur : 33 (0) 2 38 32 71 28
Internet : www.interforum.fr
Service commande Export – DOM-TOM
Télécopieur : 33 (0) 2 38 32 78 86
Internet : www.interforum.fr
Courriel : cdes-export@interforum.fr

Pour la Suisse

INTERFORUM EDITIS SUISSE
Case postale 69 – CH 1701 Fribourg – Suisse
Téléphone : 41 (0) 26 460 80 60
Télécopieur : 41 (0) 26 460 80 68
Internet : www.interforumsuisse.ch
Courriel : office@interforumsuisse.ch
Distributeur : OLF S.A.
ZI. 3, Corminboeuf
Case postale 1061 – CH 1701 Fribourg – Suisse
Commandes :
Téléphone : 41 (0) 26 467 53 33
Télécopieur : 41 (0) 26 467 54 66
Internet : www.olf.ch
Courriel : information@olf.ch

Pour la Belgique et le Luxembourg

INTERFORUM BENELUX S.A.
Fond Jean-Pâques, 6
B-1348 Louvain-la-Neuve - Belgique
Téléphone : 32 (0) 10 42 03 20
Télécopieur : 32 (0) 10 41 20 24
Internet : www.interforum.be
Courriel : info@interforum.be

LES **60** MEILLEURES
DU MONDE... POINT FINAL.

SAUCES POUR PÂTES

LES **60** MEILLEURES
DU MONDE... POINT FINAL.

SAUCES POUR PÂTES

AVERTISSEMENT

Les 60 sauces pour pâtes que vous trouverez dans ce livre sont, selon nous, les 60 meilleures du monde. Notre équipe, composée de chefs, de rédacteurs et de gourmets, est parvenue à distiller le meilleur de ce qui se fait dans le monde pour créer ces 60 meilleures recettes de sauces pour pâtes.

Pour faire ce choix, nous nous sommes principalement basés sur ces critères :

LA QUALITÉ DES INGRÉDIENTS
L'ORIGINALITÉ
LE GOÛT
L'APPARENCE
LA SIMPLICITÉ

Est-ce que ce choix est subjectif? Bien entendu! Mais ce qui est certain, c'est que cette liste des 60 meilleures a été faite de bonne foi par une équipe de passionnés et de gourmands. Toutes les photos que vous trouverez dans ce livre ont d'ailleurs été réalisées sans trucage et les sauces utilisées pour les photos ont par la suite été dégustées avec enthousiasme par toute l'équipe créative.

En espérant que vous aurez autant de plaisir à découvrir et à utiliser ce livre que nous avons eu de plaisir à le faire.

TABLE DES MATIÈRES

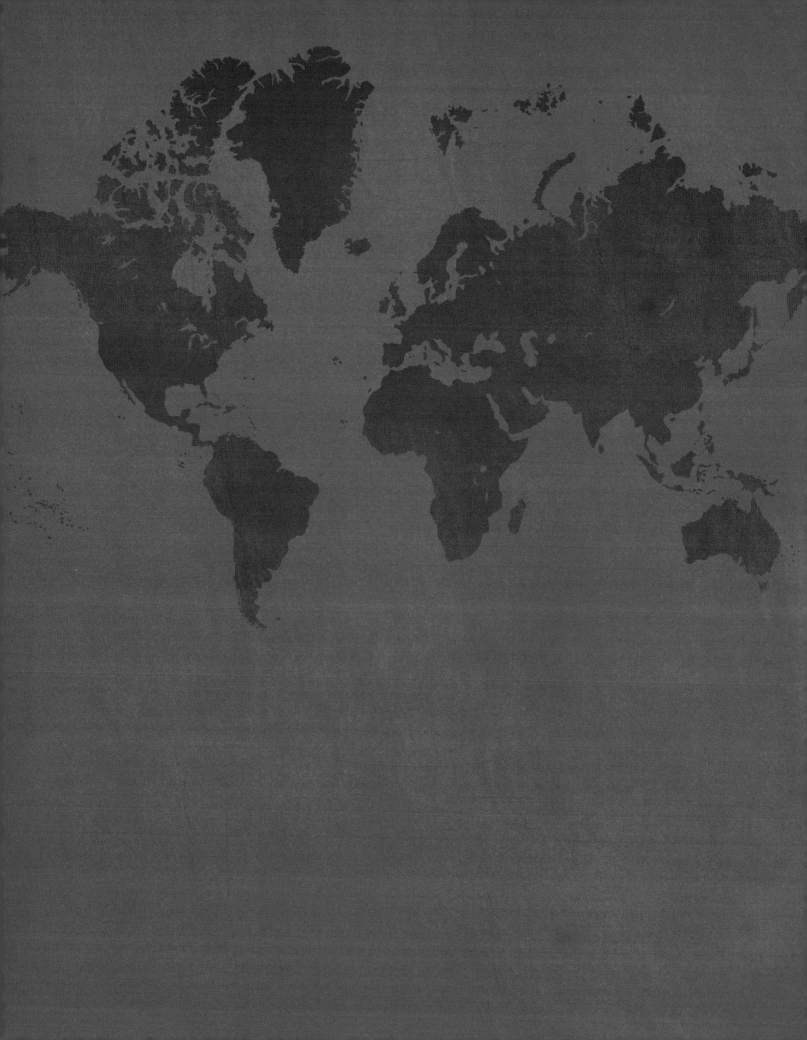

INTRO

Chacune des 60 meilleures sauces pour pâtes présentées dans cet ouvrage possède une légende de goûts et de coûts (voir la signification des symboles pages 018 et 019) qui aidera vos papilles et votre porte-monnaie à s'y retrouver. Vous trouverez également un lexique de cuisine (page 029) et des astuces (page 025) ainsi qu'une liste d'instruments (page 023) qui devraient impérativement se retrouver dans votre cuisine afin de concocter les meilleures sauces pour pâtes du monde. Une table des matières (pages 010 et 011) et un index des ingrédients (pages 176 à 181) vous guideront aussi dans vos choix.

Enfin, impressionnez vos convives avec l'information contenue dans les capsules « Le saviez-vous? », avec les trucs décadents et les suggestions d'accompagnements.

Et surtout, bon appétit!

PIQUANT   GRAS   ACIDE   COÛT

LES SYMBOLES

SENSATION PIQUANTE QUI BRÛLE LA LANGUE

 PEU PIQUANT
 MODÉRÉMENT PIQUANT
 PIQUANT

SENSATION ONCTUEUSE, MOELLEUSE ET RICHE EN GRAISSE

 PEU GRAS
 MODÉRÉMENT GRAS
 GRAS

SENSATION ACIDULÉE

 PEU ACIDE
 MODÉRÉMENT ACIDE
 ACIDE

COÛT RELIÉ À L'ACHAT DES INGRÉDIENTS

 PEU COÛTEUX
 MODÉRÉMENT COÛTEUX
 COÛTEUX

LA PETITE HISTOIRE DES SAUCES POUR PÂTES

Qu'est-ce qu'une sauce? C'est une préparation culinaire de consistance plus ou moins liquide, constituée par divers corps gras et aromatiques, liés et étendus, qu'on verse sur les aliments pour en rehausser le goût.

Il va de soi que l'histoire des sauces pour pâtes est intimement liée à l'invention de ces dernières, puisque sans elles, les sauces n'auraient pas lieu d'être. Bien que les pâtes italiennes soient les plus connues et considérées comme les meilleures au monde, les plus anciennes pâtes ont été retrouvées en Chine. Elles dateraient de plusieurs millénaires avant Jésus-Christ. Ce n'est d'ailleurs que vers la fin du VIIe siècle que les pâtes arrivèrent en Italie, introduites en Sicile par des conquérants musulmans. À la suite de son mariage avec le roi Henri II, Catherine de Médicis fit connaître cet aliment à la France tout entière.

Certaines sauces sont devenues célèbres, parfois en raison des grands chefs qui les ont créées, toujours parce qu'elles étaient simplement délicieuses. Pensons à la sauce Alfredo, composée de beurre, de crème, de muscade et de parmesan. Elle a été inventée au début du XXe siècle par un restaurateur italien éponyme pour combler les envies de sa femme enceinte.

Quand on parle d'accompagner des pâtes, on pense toujours aux sauces italiennes à base de tomate, mais une variété quasi infinie de sauces est possible. Il existe des sauces d'inspiration asiatique, des sauces à la crème, au fromage... Un simple filet d'huile et quelques herbes suffisent. Laissez libre cours à votre imagination!

LES INSTRUMENTS

INDISPENSABLES POUR RÉUSSIR LES MEILLEURES SAUCES POUR PÂTES DU MONDE

1. Une **petite casserole** pour faire des sauces.

2. Une **mandoline** pour faire de belles tranches et de fins bâtonnets.

3. Une **râpe à fromage** pour râper le fromage.

4. Un **zesteur** ou une petite râpe pour obtenir le zeste des agrumes.

5. Une **grande poêle** pour cuire ce qui doit être cuit et pour faire des sauces minute.

6. Une **passoire** pour égoutter les pâtes et tout autre aliment qui en a besoin.

7. Un **couteau du chef** pour hacher et travailler dans la joie.

8. Un **fouet** pour incorporer le beurre et émulsionner les sauces.

9. Une **cocotte** allant au four et sur le feu pour les sauces qui mijotent longtemps.

10. Un **pied-mélangeur** pour faire les pestos ou pour broyer les sauces facilement.

11. De bonnes **pinces en inox** pour manipuler aisément les ingrédients à saisir.

12. Un **plat à gratin** pour les pâtes qui vont au four.

13. Une **grande cuillère** pour remuer la sauce lorsqu'elle mijote.

ASTUCES

POUR RÉUSSIR LES MEILLEURES SAUCES POUR PÂTES DU MONDE

1. Achetez de nouvelles formes de pâtes et vous aurez l'impression de créer un nouveau plat.

2. Une portion de pâtes longues équivaut à un cercle d'un diamètre de 2 cm (1 po). Vous pouvez, bien entendu, préparer une quantité proportionnelle à l'envergure de votre appétit.

3. Lorsqu'arrive la saison des tomates, réunissez-vous entre amis et préparez de savoureuses conserves maison! Si ce n'est pas la saison, utilisez les conserves du commerce qui sont peu dispendieuses et font tout aussi bien l'affaire.

4. Les sauces peuvent être infidèles aux pâtes. Vous pouvez en effet les marier au riz, au couscous, au boulgour ou au quinoa. Oui, oui, c'est permis!

5. Vous êtes *fan* de fromage? Pas de problème! Ajoutez-en généreusement au gré de vos envies. Vous pouvez difficilement vous tromper. Les fromages à pâte ferme se conservent parfaitement au congélateur, alors faites des réserves et vous ne subirez jamais de pénurie.

6. Vos tomates sont plutôt acides? Ajoutez un peu de sucre à votre sauce, mais surtout ne vous emballez pas! Allez-y graduellement et goûtez régulièrement.

7. Vous avez produit de la sauce en quantité industrielle lors d'une journée maussade? Congelez-la en portions individuelles de 250 ml (1 tasse), parfaites pour votre repas du midi au travail. Et puis, on dit bien que certains plats sont meilleurs une fois réchauffés!

8. Une sauce à la consistance parfaite est une sauce qui nappe bien les pâtes. Pour s'en assurer, on peut tremper une petite cuillère dans la sauce. Si celle-ci adhère bien à la cuillère, la consistance est juste. Sinon, patience et poursuivez la réduction.

9. Vos sauces pour pâtes sont souvent le résultat de votre imagination habilement appliquée aux restes de votre réfrigérateur. Donnez-leur un nom alléchant pour vous mettre en appétit!

10. Finalement, gardez toujours en tête que les ingrédients les plus frais font les meilleures recettes. Mangez frais!

PARFAIRE SON SAVOIR-FAIRE

LA CUISSON DES PÂTES

Le salage de l'eau idéal est de 10 g (15 ml ou 1 c. à soupe) de sel pour 1 l (4 tasses) d'eau.

Ne mettez pas d'huile dans l'eau de cuisson des pâtes, car elles seront recouvertes d'une pellicule huileuse qui empêchera la sauce d'adhérer. Il ne faut pas non plus rincer les pâtes après la cuisson, car cette étape élimine une quantité d'amidon nécessaire à la liaison des pâtes avec la sauce.

Les pâtes fraîches cuisent beaucoup plus rapidement que les pâtes sèches. Le temps de cuisson varie toutefois selon l'épaisseur et la forme des pâtes. Référez-vous à l'emballage de celles-ci pour les temps de cuisson exacts.

Si vous faites cuire les pâtes à l'avance, la meilleure façon de les refroidir est de les étendre sur une plaque et de la placer au réfrigérateur. Les pâtes continuent de cuire légèrement après l'égouttage. Cette technique permet à la fois d'éviter que les pâtes refroidissent de façon inégale et qu'elles collent trop entre elles.

L'ajout de quelques cuillerées d'eau de cuisson bénéficie aux pâtes servies avec des garnitures au beurre ou à l'huile. L'amidon qui se retrouve dans cette eau permet aux pâtes de bien adhérer à la garniture.

On peut égoutter les pâtes à mi-cuisson et les transférer dans une poêle avec la sauce d'accompagnement. On ajoute à l'accompagnement de l'eau de cuisson des pâtes pour terminer la cuisson de celles-ci et éviter que notre sauce soit trop réduite. Cette étape permet aux pâtes de prendre le goût de l'accompagnement tout en procurant une cuisson impeccable.

LEXIQUE DE CUISINE

1. ASSAISONNER

Donner de la saveur à une préparation en ajoutant sel et poivre.

2. BLANCHIR

Cuire les légumes dans de l'eau bouillante salée.

3. BRUNOISE

Aliments, généralement des légumes, taillés en petits dés de 2 mm.

4. CISELER

Entailler avec un couteau affûté des échalotes, des oignons ou des herbes aromatiques jusqu'à la racine dans le sens de la longueur, puis sur la largeur de manière à obtenir de petits cubes.

5. DÉGLACER

Dissoudre à l'aide d'un liquide les sucs caramélisés laissés au fond d'un récipient par une cuisson dans le but d'obtenir un jus ou une sauce.

6. ÉMINCER

Couper en fines tranches.

7. SAUTER OU REVENIR

Cuire à feu vif un aliment à la poêle ou dans une casserole en remuant.

8. HACHER

Couper en très petits morceaux à l'aide d'un instrument tranchant (gros couteau ou hachoir électrique).

9. RÉDUIRE

Faire épaissir par évaporation sur le feu.

10. JULIENNE

Légumes coupés en longs filaments. La mandoline est généralement utilisée pour cette coupe.

11. SAISIR

Cuire à feu vif pendant peu de temps dans un corps gras (beurre ou huile) pour dorer ou colorer un aliment.

12. ZESTER

Extraire le zeste ou l'écorce d'un agrume à l'aide d'un zesteur d'un zesteur, d'une râpe Microplane ou d'un couteau à peler.

LE SECRET DES CHEFS

Les goûts et les habitudes alimentaires de chacun varient. Le secret pour réussir les meilleures recettes du monde, selon vos propres goûts et standards, est de **goûter** à vos préparations lorsque vous les cuisinez. **Goûtez** avant et après avoir assaisonné. Ajoutez du piquant ou du citron si vos papilles vous le dictent. Doublez la quantité d'herbes ou de fromage si c'est ce dont vous avez envie! Bref, écoutez votre instinct, fiez-vous à vos sens et surtout, **goûtez** constamment.

Voilà le secret des chefs pour être totalement satisfait de ce que vous mettez sur la table.

LA SAUCE TOMATE CLASSIQUE

4 PORTIONS

INGRÉDIENTS

8 tomates italiennes fraîches
30 ml (2 c. à soupe) huile d'olive
3 gousses d'ail, hachées
15 ml (1 c. à soupe) sucre
Sel et poivre

PRÉPARATION

Pour monder les tomates (retirer la peau) : Retirer le pédoncule de la tomate. Avec un petit couteau, former une petite entaille à l'extrémité opposée de la tomate.

Porter à ébullition une grande quantité d'eau. Plonger les tomates dans l'eau une ou deux à la fois pendant 10 secondes ou jusqu'à ce que la peau fendille. Retirer les tomates et les plonger dans l'eau froide pour arrêter la cuisson.

Retirer la peau des tomates avec les doigts. Couper les tomates en cubes ou les broyer au robot.

Dans une casserole, chauffer l'huile et laisser infuser l'ail à feu doux quelques minutes en prenant garde de ne pas la faire brunir. Ajouter les tomates, le sucre, puis assaisonner. Laisser mijoter à feu doux pendant 30 minutes.

Garnir selon vos goûts : parmesan, basilic, persil, origan, mozzarella fraîche, huile d'olive.

Si vous n'avez pas de tomates fraîches sous la main, utilisez plutôt 1 boîte de 796 ml de tomates italiennes en dés.

SUGGESTION DU CHEF

Dans toutes les recettes qui suivent, les pâtes sont suggérées. Changez-les à votre guise!

TRUC DÉCADENT

Pour plus de piquant, au moment d'infuser l'ail, ajouter du piment broyé.

PESTO BASILIC

4 PORTIONS

INGRÉDIENTS

60 ml (1/4 tasse) parmesan frais
60 ml (1/4 tasse) noix de pin (pignons), grillées
1 gousse d'ail
500 ml (2 tasses) basilic frais
125 ml (1/2 tasse) huile d'olive
Jus de 1/4 de citron
Sel et poivre

PRÉPARATION

Au robot, broyer le parmesan, les noix de pin et l'ail. Ajouter le basilic, l'huile d'olive et le jus de citron. Assaisonner et réduire le tout en une purée lisse.

Pour obtenir un pesto plus crémeux, verser l'huile en filet.

Servir sur des orecchiettes.

 TRUC DÉCADENT

Délestez-vous des traditions et osez mélanger d'autres herbes fraîches à votre pesto : persil, origan, romarin, etc. Remplacez les noix de pin par des noix de Grenoble (cerneaux de noix) pour une version plus économique et tout aussi délicieuse.

BEURRE BLANC SAUMON ORANGE

4 PORTIONS

INGRÉDIENTS

15 ml (1 c. à soupe) beurre
400 g (14 oz) saumon frais, coupé en cubes de 2 cm (1 po)
2 échalotes, ciselées
Zeste et jus de 1 orange
2 ml (1/2 c. à thé) poivre du moulin
250 ml (1 tasse) beurre froid, coupé en cubes
Sel
250 ml (1 tasse) oseille, hachée grossièrement

PRÉPARATION

Dans une grande poêle, faire fondre le beurre et saisir le saumon durant 1 à 2 minutes. Retirer le saumon de la poêle. Faire sauter les échalotes, déglacer avec le jus d'orange puis ajouter le zeste d'orange et le poivre.

Retirer la poêle du feu et ajouter les cubes de beurre graduellement en fouettant sans cesse afin d'obtenir une sauce onctueuse. Si le beurre ne fond plus du tout, remettre la poêle sur le feu pour quelques secondes, la retirer, et continuer. Le beurre doit rester crémeux.

Ajouter les cubes de saumon et l'oseille. Saler et servir sur des linguines.

LE SAVIEZ-VOUS?

En argot, le mot « oseille » est synonyme d'argent.

RICOTTA AUBERGINES

4 PORTIONS

INGRÉDIENTS

30 ml (2 c. à soupe) huile d'olive
2 échalotes, ciselées
500 ml (2 tasses) aubergines, coupées en petits cubes
15 ml (1 c. à soupe) romarin, haché
80 ml (1/3 tasse) noix de Grenoble (cerneaux de noix), hachées grossièrement
2 ml (1/2 c. à thé) paprika doux
Sel et poivre
250 ml (1 tasse) bouillon de poulet
15 ml (1 c. à soupe) vinaigre de xérès
125 ml (1/2 tasse) ricotta
60 ml (1/4 tasse) parmesan frais, râpé

PRÉPARATION

Dans une grande poêle, chauffer l'huile d'olive et faire revenir l'échalote et l'aubergine. Bien colorer. Ajouter le romarin, les noix et le paprika, et continuer la cuisson pendant 2 minutes. Assaisonner.

Déglacer avec le bouillon de poulet. Terminer avec le vinaigre, la ricotta et le parmesan. Remuer et servir sur des farfalles.

5

CHIC CANARD AU FOIE GRAS

4 PORTIONS

INGRÉDIENTS

2 cuisses de canard confit
15 ml (1 c. à soupe) beurre
1 échalote, ciselée
12 asperges, coupées en biseau
30 ml (2 c. à soupe) raisins de Corinthe
15 ml (1 c. à soupe) brandy
125 ml (1/2 tasse) bouillon de poulet
60 ml (1/4 tasse) crème 35 % (entière)
15 g (1/2 oz) foie gras en conserve
Sel et poivre
15 ml (1 c. à soupe) vinaigre de xérès

PRÉPARATION

Désosser les cuisses de canard et défaire la viande en gros morceaux.

Dans une grande poêle, faire fondre le beurre et faire sauter l'échalote, le canard, les asperges et les raisins. Déglacer au brandy et flamber. Ajouter le bouillon de poulet et la crème. Réduire jusqu'à l'obtention d'une sauce onctueuse.

Retirer du feu, ajouter le foie gras et fouetter pour bien incorporer le foie gras. Assaisonner, ajouter le vinaigre et servir sur des pappardelles courts.

LE SAVIEZ-VOUS?

La pratique du gavage des oies remonte au moins à l'Égypte ancienne, où on gavait plusieurs espèces d'oiseaux palmipèdes à l'aide de grains rôtis et humidifiés.

COQUETTES CREVETTES

4 PORTIONS

INGRÉDIENTS

15 ml (1 c. à soupe) huile d'olive
2 courgettes, coupées en rondelles
16 crevettes moyennes
2 gousses d'ail, hachées
Sel et poivre
Zeste et jus de 1 citron
250 ml (1 tasse) crème 35 % (entière)
30 ml (2 c. à soupe) parmesan frais, râpé
500 ml (2 tasses) roquette

PRÉPARATION

Dans une grande poêle, chauffer l'huile à feu vif. Disposer les courgettes et les crevettes dans la poêle afin de les colorer rapidement. Ajouter l'ail et faire revenir le tout. Assaisonner.

Ajouter le zeste et le jus de citron, la crème et le parmesan. Réduire jusqu'à l'obtention d'une sauce onctueuse. Terminer en ajoutant la roquette et servir sur des pâtes courtes.

LE SAVIEZ-VOUS?

Les courgettes, ou *zucchini* en italien, peuvent atteindre jusqu'à un mètre de long, bien qu'elles soient habituellement récoltées à moins de la moitié de cette taille.

LA CARBONARA

4 PORTIONS

INGRÉDIENTS

30 ml (2 c. à soupe) beurre
250 ml (1 tasse) lardons
2 gousses d'ail, écrasées
4 jaunes d'œufs
250 ml (1 tasse) parmesan frais, râpé
Sel et poivre

PRÉPARATION

Dans une poêle, faire fondre le beurre et faire revenir l'ail et les lardons. Retirer l'ail lorsqu'il commence à dorer.

Ajouter des pâtes longues cuites (ex. : linguines), avec 30 ml (2 c. à soupe) de leur eau de cuisson. Remuer.

Retirer du feu et ajouter les jaunes d'œufs, les trois-quarts du parmesan, puis assaisonner. Bien remuer durant 1 minute afin d'émulsionner le jaune d'œuf. Servir garni du reste du parmesan.

LE SAVIEZ-VOUS?

La recette italienne originale ne comporte pas de crème fraîche, mais de nombreuses variantes hors d'Italie incorporent cet ingrédient.

GRATIN D'ANTAN TENTANT

4 PORTIONS

INGRÉDIENTS

30 ml (2 c. à soupe) beurre
1 blanc de poireau, coupé en petits cubes
500 ml (2 tasses) jambon cuit, coupé en petits cubes
6 feuilles de sauge, hachées
30 ml (2 c. à soupe) farine
125 ml (1/2 tasse) vin blanc
375 ml (1 1/2 tasse) lait
60 ml (1/4 tasse) fromage de chèvre
Sel et poivre

PRÉPARATION

Dans une grande casserole, faire fondre le beurre et faire revenir le poireau et le jambon. Ajouter la sauge et la farine, et bien cuire pendant 1 minute en remuant. Verser le vin blanc et remuer pour éviter la formation de grumeaux. Ajouter graduellement le lait en fouettant sans cesse. Porter à ébullition sans cesser de remuer. Lorsque la sauce épaissit, incorporer le fromage de chèvre. Assaisonner.

Dans un plat à gratin, verser la sauce sur des pâtes courtes, telles que des cappellettis, et mettre sous le gril du four jusqu'à ce que la surface soit dorée. Servir.

 TRUC DÉCADENT

Faites frire du poireau coupé en julienne dans une grande quantité d'huile végétale, égouttez et garnissez-en vos pâtes pour y ajouter un délicieux croquant!

CHOU-FLEUR CURRY CRÉMEUX

4 PORTIONS

INGRÉDIENTS

15 ml (1 c. à soupe) beurre
500 ml (2 tasses) chou-fleur, coupé en petits bouquets
2 échalotes, émincées
1 gousse d'ail, émincée
2 filets d'anchois, hachés
125 ml (1/2 tasse) eau
80 ml (1/3 tasse) fromage à la crème (fromage à tartiner)
5 ml (1 c. à thé) curry
60 ml (1/4 tasse) noix de pin (pignons), grillées
Jus de 1/2 citron
Sel et poivre

PRÉPARATION

Dans une grande poêle, chauffer le beurre et saisir les choux-fleurs afin de les colorer. Ajouter les échalotes, l'ail et les anchois, et continuer la cuisson pendant 2 minutes.

Ajouter l'eau et le reste des ingrédients, puis remuer afin de faire fondre le fromage. Assaisonner.

Servir sur des farfalles.

LE SAVIEZ-VOUS?

D'après des recherches en génétique, le chou-fleur serait à peu près disparu de l'Europe après le déclin de l'Empire romain, et y serait réapparu à la fin du Moyen-Âge, grâce aux pays du Proche ou du Moyen-Orient.

OCÉAN EXPRESS

4 PORTIONS

INGRÉDIENTS

15 ml (1 c. à soupe) beurre
100 g (1/4 lb) saumon fumé, haché grossièrement
Jus de 1 citron
45 ml (3 c. à soupe) brandy
125 ml (1/2 tasse) crème 35 % (entière)
30 ml (2 c. à soupe) câpres, hachées
45 ml (3 c. à soupe) aneth, haché
Poivre

PRÉPARATION

Faire fondre le beurre dans une casserole. Ajouter le saumon fumé, le jus de citron et le brandy. Cuire 2 minutes. Verser la crème et faire revenir à feu doux pendant 2 à 3 minutes. Ajouter les câpres, l'aneth et le poivre. Servir sur des tortellinis.

LE SAVIEZ-VOUS?

Le saumon est un des poissons les plus riches en oméga-3, un acide gras qui protège le système cardiovasculaire.

FINES HERBES CROQUANTES

4 PORTIONS

INGRÉDIENTS POUR LA CHAPELURE

500 ml (2 tasses) pain rassis
4 branches de persil italien frais
2 gousses d'ail
30 ml (2 c. à soupe) huile d'olive

INGRÉDIENTS POUR LA SAUCE

60 ml (1/4 tasse) huile d'olive
30 ml (2 c. à soupe) persil frais, haché
30 ml (2 c. à soupe) basilic frais, haché
30 ml (2 c. à soupe) origan frais, haché
15 ml (1 c. à soupe) thym frais, haché
15 ml (1 c. à soupe) romarin frais, haché
30 ml (2 c. à soupe) ciboulette, hachée
Sel et poivre

PRÉPARATION

Au robot, réduire les ingrédients de la chapelure en fines miettes. Dans une grande poêle, à feu moyen, rôtir le mélange de pain en remuant continuellement afin de ne pas le brûler. Réserver.

Chauffer l'huile d'olive, ajouter des pâtes longues cuites et les fines herbes. Remuer et garnir de la chapelure. Assaisonner et servir.

LE SAVIEZ-VOUS?

Autrefois, les gens qui ne pouvaient se permettre d'acheter du fromage à saupoudrer sur leurs pâtes utilisaient plutôt de la chapelure grillée.

ARTICHAUTS DES AMOUREUX

4 PORTIONS

INGRÉDIENTS

15 ml (1 c. à soupe) beurre
2 échalotes, ciselées
15 ml (1 c. à soupe) romarin frais, haché
6 cœurs d'artichauts en conserve, égouttés, rincés
et coupés en 4
Jus de 1 citron
125 ml (1/2 tasse) eau
125 ml (1/2 tasse) crème 35 % (entière)
60 ml (1/4 tasse) parmesan frais, râpé
Sel et poivre

PRÉPARATION

Dans une casserole, faire fondre le beurre et faire revenir les échalotes, le romarin et les artichauts. Déglacer avec le jus de citron. Ajouter l'eau, la crème et le parmesan. Laisser mijoter à feu doux pendant 5 à 6 minutes.

Passer la sauce au robot afin qu'elle devienne lisse et onctueuse. Assaisonner.

Servir cette sauce sur des cannellonis ou des pâtes farcies.

LE SAVIEZ-VOUS?

L'expression « avoir un cœur d'artichaut » signifie « tomber facilement et souvent amoureux ».

POULET GÉNOIS

4 PORTIONS

INGRÉDIENTS

60 ml (1/4 tasse) huile d'olive
8 pommes de terre rattes, cuites et coupées
en rondelles de 0,5 cm (1/4 po)
2 poitrines de poulet, coupées en cubes
60 ml (1/4 tasse) vin blanc
375 ml (1 1/2 tasse) haricots verts, coupés en 2
125 ml (1/2 tasse) pesto (voir recette page 034)
Sel et poivre
Copeaux de parmesan

PRÉPARATION

Dans une poêle, chauffer l'huile d'olive et saisir les pommes de terre et le poulet afin de les colorer. Cuire de 3 à 4 minutes. Déglacer avec le vin blanc. Ajouter les haricots verts et cuire 1 minute.

Ajouter le pesto, les pâtes et 30 ml (2 c. à soupe) d'eau de cuisson. Assaisonner. Servir sur des farfalles et garnir de copeaux de parmesan.

SAUCE GRAND-MÈRE

4 PORTIONS

INGRÉDIENTS

30 ml (2 c. à soupe) huile d'olive
1 oignon, ciselé
250 ml (1 tasse) petits lardons
2 branches de céleri, coupées en cubes
1 gousse d'ail, hachée
15 ml (1 c. à soupe) pâte de tomate
250 ml (1 tasse) lentilles brunes en conserve, rincées
2 tomates, coupées en cubes
250 ml (1 tasse) bouillon de bœuf
1 ml (1/4 c. à thé) cannelle
2 clous de girofle
60 ml (1/4 tasse) persil, haché
Sel et poivre
60 ml (1/4 tasse) parmesan frais, râpé

PRÉPARATION

Dans une grande casserole, chauffer l'huile et faire revenir les oignons, les lardons et le céleri. Ajouter l'ail, la pâte de tomate, les lentilles et les tomates. Continuer la cuisson durant 2 minutes. Ajouter le reste des ingrédients, sauf le sel, le poivre et le parmesan, et laisser mijoter à feu doux pendant 10 minutes.

Retirer les clous de girofle. Assaisonner et servir sur des rigatonis. Terminer avec le parmesan.

LE SAVIEZ-VOUS?

Le clou de girofle provient du giroflier, un arbre qui peut mesurer jusqu'à 20 mètres de haut.

MOULES DE LA MER NOIRE

4 portions

INGRÉDIENTS

15 ml (1 c. à soupe) huile d'olive
2 oignons verts, émincés
1 gousse d'ail, hachée
125 ml (1/2 tasse) vin blanc
125 ml (1/2 tasse) olives noires dénoyautées,
coupées en rondelles
250 ml (1 tasse) tomates en dés en conserve
1 kg (2,2 lb) moules fraîches, nettoyées
30 ml (2 c. à soupe) pesto au basilic du commerce
ou maison (voir recette p. 034)
30 ml (2 c. à soupe) parmesan frais, râpé
5 ml (1 c. à thé) sauce piquante (type sambal oelek)
Sel et poivre

PRÉPARATION

Dans une grande casserole, chauffer l'huile et faire revenir les oignons verts et l'ail. Ajouter le vin blanc, les olives, les tomates en dés et les moules. Remuer et couvrir. Cuire de 3 à 5 minutes en remuant de temps à autre.

Lorsque les coquilles des moules sont ouvertes, retirer le couvercle et ajouter le pesto, le parmesan et la sauce piquante. Assaisonner et servir sur des bucatinis.

POIVRONNADE BASQUE

4 PORTIONS

INGRÉDIENTS

30 ml (2 c. à soupe) huile d'olive
2 oignons, émincés
2 poivrons rouges, coupés en fines lanières
2 poivrons jaunes, coupés en fines lanières
2 gousses d'ail, tranchées
180 ml (3/4 tasse) vin blanc
Sel et poivre
80 ml (1/3 tasse) crème 35 % (entière)
30 ml (2 c. à soupe) marjolaine, hachée
2 ml (1/2 c. à thé) sauce piri-piri

PRÉPARATION

Dans une grande casserole, chauffer l'huile et faire revenir les oignons, les poivrons et l'ail afin de les colorer. Déglacer au vin blanc, assaisonner, puis couvrir et continuer la cuisson à feu doux pendant 10 minutes. Réserver le tiers des poivrons sans liquide.

Au robot, réduire le reste de la préparation de poivrons en purée lisse. Verser dans une petite casserole et ajouter la crème, la marjolaine et la sauce piri-piri. Cuire pendant 5 minutes. Servir sur des bucatinis et garnir du mélange de poivrons.

SAUCE CRÉMEUSE NOIX & FÉTA

4 PORTIONS

INGRÉDIENTS

15 ml (1 c. à soupe) beurre
1 oignon, ciselé
60 ml (1/4 tasse) noix de Grenoble (cerneaux de noix),
rôties et hachées
60 ml (1/4 tasse) vin blanc
125 ml (1/2 tasse) féta, émiettée
125 ml (1/2 tasse) eau
60 ml (1/4 tasse) crème 35 % (entière)
Jus de 1/2 citron
60 ml (1/4 tasse) aneth frais, haché
Poivre

PRÉPARATION

Dans une casserole, faire fondre le beurre et cuire les oignons.
Ajouter les noix, le vin blanc, la féta, l'eau, la crème et le jus de
citron. Mélanger jusqu'à ce que le fromage soit fondu et la sauce
onctueuse. Servir sur des tagliatelles aux épinards et garnir
d'aneth frais.

SAUCE BRAISÉE À LA MAROCAINE

4 PORTIONS

LE SAVIEZ-VOUS?

Au Québec, près de 40 % de la viande d'agneau provient des producteurs de la province.

TRUC DÉCADENT

Ajoutez des abricots séchés avant de mettre la sauce au four pour lui conférer un petit goût sucré.

INGRÉDIENTS

30 ml (2 c. à soupe) huile végétale
400 g (14 oz) épaule d'agneau, coupée en cubes
1 oignon moyen, coupé en gros cubes
2 gousses d'ail
1 branche de thym frais
2 ml (1/2 c. à thé) gingembre moulu
5 ml (1 c. à thé) cumin, moulu
5 ml (1 c. à thé) paprika doux
5 ml (1 c. à thé) graines de coriandre, broyées
2 ml (1/2 c. à thé) safran
125 ml (1/2 tasse) vin blanc
796 ml (1 boîte) tomates en dés
250 ml (1 tasse) petites olives noires dénoyautées
Sel et poivre
30 ml (2 c. à soupe) basilic frais, haché grossièrement

PRÉPARATION

Dans une cocotte, chauffer l'huile à feu vif et saisir les cubes d'agneau. Ajouter les oignons pour les colorer. Ajouter l'ail, le thym et les épices. Cuire pendant 1 minute. Déglacer avec le vin blanc, puis ajouter les tomates et les olives. Assaisonner.

Couvrir et cuire au four à 150°C (300°F) pendant 3 heures. Terminer avec le basilic et servir sur des pâtes courtes.

POULET JAVA

4 PORTIONS

INGRÉDIENTS

30 ml (2 c. à soupe) huile végétale
1 poitrine de poulet, coupée en languettes
2 oignons verts, émincés
1 gousse d'ail, hachée
2 cm (1 po) gingembre frais, pelé et haché
15 ml (1 c. à soupe) pâte de curry vert
8 abricots séchés, coupés en 4
250 ml (1 tasse) bouillon de poulet
60 ml (1/4 tasse) lait de coco
15 ml (1 c. à soupe) sauce de poisson nuoc-mâm
Jus de 1 lime
60 ml (1/4 tasse) coriandre fraîche, hachée
60 ml (1/4 tasse) cacahouètes

PRÉPARATION

Dans une grande poêle, chauffer l'huile et saisir le poulet. Ajouter les oignons et cuire pendant 2 minutes. Ajouter l'ail, le gingembre, la pâte de curry et les abricots. Cuire encore 2 minutes.

Verser le bouillon de poulet, le lait de coco, la sauce de poisson et le jus de lime. Réduire jusqu'à l'obtention d'une sauce onctueuse. Terminer avec la coriandre et les cacahouètes. Servir sur de l'orzo.

LE SAVIEZ-VOUS?

La cacahouète, ou arachide, est le fruit de la plante du même nom, qui fait partie de la famille des légumineuses. Elle est originaire du Mexique.

LA ARRABBIATA

4 PORTIONS

INGRÉDIENTS

60 ml (1/4 tasse) huile d'olive
4 gousses d'ail, écrasées
10 ml (2 c. à thé) piment fort (séché ou frais, entier ou broyé)
796 ml (1 boîte) tomates en dés
Sel et poivre
60 ml (1/4 tasse) persil, haché

PRÉPARATION

Dans une casserole, chauffer l'huile à feu très doux avec l'ail et le piment de votre choix. Laisser infuser pendant 10 à 15 minutes. Retirer l'ail et les piments s'ils sont entiers. Ajouter les tomates et assaisonner. Mijoter durant 8 à 10 minutes, garnir de persil haché et servir avec des spaghettis.

LE SAVIEZ-VOUS?

En italien, *all'arrabbiata* signifie « en colère », et on nomme ainsi la sauce en raison des piments forts qu'elle contient.

LA CACCIATORE

4 PORTIONS

INGRÉDIENTS

30 ml (2 c. à soupe) huile d'olive
8 pilons de poulet
1 oignon, coupé en cubes
1 poivron rouge, coupé en cubes
2 gousses d'ail, hachées
30 ml (2 c. à soupe) origan frais, haché
3 branches de thym frais
15 ml (1 c. à soupe) sucre
250 ml (1 tasse) vin blanc
500 ml (2 tasses) tomates en dés en conserve
5 ml (1 c. à thé) sauce piri-piri
Sel et poivre

PRÉPARATION

Dans une cocotte, chauffer l'huile à feu vif et saisir le poulet. Ajouter l'oignon, le poivron, l'ail, l'origan, le thym et le sucre. Bien colorer le tout. Déglacer avec le vin blanc et remuer. Ajouter les tomates et la sauce piri-piri. Assaisonner.

Couvrir et cuire au four durant 1 heure 30 min. à 150°C (300°F). Servir les pilons entiers ou retirer la viande des os avant de servir sur des petites coquilles.

LE SAVIEZ-VOUS?

Remplacez les pâtes par de la polenta pour varier tout en restant dans la tradition italienne!

LA VONGOLE

4 PORTIONS

INGRÉDIENTS

60 ml (1/4 tasse) huile d'olive
2 gousses d'ail, écrasées
2 ml (1/2 c. à thé) piment fort broyé
2 branches de thym
1 kg (2 lb) palourdes fraîches, nettoyées et brossées
180 ml (3/4 tasse) vin blanc
16 tomates cerises, coupées en 2
Jus de 1 citron
30 ml (2 c. à soupe) beurre
60 ml (1/4 tasse) persil frais, haché
Sel et poivre

PRÉPARATION

Dans une grande casserole, chauffer l'huile à feu doux avec les gousses d'ail, le piment broyé et le thym afin de l'infuser. Lorsque les gousses d'ail commencent à dorer, les retirer et ajouter les palourdes et le vin blanc. Couvrir et cuire environ 10 minutes ou jusqu'à ce que les palourdes soient ouvertes en remuant de temps à autre.

Retirer les palourdes avec une écumoire. Détacher les palourdes des coquilles, si désiré.

Ajouter les tomates cerises à la sauce et réduire de moitié. Ajouter le jus de citron, le beurre, le persil et les palourdes. Ajouter des pâtes longues cuites, assaisonner et bien remuer. Servir.

LE SAVIEZ-VOUS?

Ce plat est originaire de Naples, où les habitants sont si fiers de leur ville qu'ils se plaisent à dire, avec une pointe d'humour, *Vedi Napoli e poi muori*, « Voir Naples et mourir. »

BLANQUETTE BLEUE

4 PORTIONS

INGRÉDIENTS

30 ml (2 c. à soupe) huile végétale
400 g (14 oz) cubes de veau
1 oignon, ciselé
2 branches de céleri, émincées
12 champignons de Paris, émincés
2 gousses d'ail, hachées
1 feuille de laurier
2 branches de thym frais
500 ml (2 tasses) bouillon de poulet
Sel et poivre
80 ml (1/3 tasse) crème 35 % (entière)
80 ml (1/3 tasse) fromage bleu, émietté
30 ml (2 c. à soupe) persil, haché

PRÉPARATION

Dans une cocotte, chauffer l'huile à feu vif. Saisir les cubes de veau. Ajouter l'oignon et le céleri, et cuire pour les colorer. Ajouter les champignons, l'ail, le laurier et le thym. Déglacer avec le bouillon de poulet. Assaisonner. Couvrir et cuire au four pendant 3 heures à 150°C (300°F).

Sortir du four. Retirer les branches de thym et la feuille de laurier. Ajouter la crème, le fromage bleu et le persil. Réduire sur le feu jusqu'à l'obtention d'une sauce onctueuse. Servir sur des pâtes longues.

Pour obtenir une sauce plus uniforme, effilocher la viande de veau avec deux fourchettes avant de servir la sauce.

SAUCE CRUE

4 PORTIONS

INGRÉDIENTS

4 tomates italiennes
60 ml (1/4 tasse) noix de pin (pignons), rôties
60 ml (1/4 tasse) huile d'olive
5 grandes feuilles de basilic frais, grossièrement hachées
60 ml (1/4 tasse) parmesan frais, râpé
Sel et poivre

PRÉPARATION

Dans un bol, râper les tomates en débutant par l'extrémité opposée au pédoncule. Déposer la chair des tomates dans un tamis pour en retirer l'excédent de jus.

Ajouter le reste des ingrédients à la chair de tomate. Assaisonner et bien mélanger. Servir sur des pâtes farcies.

LE SAVIEZ-VOUS?

Le «crudivorisme» est une pratique alimentaire qui consiste à se nourrir exclusivement d'aliments crus et souvent issus de l'agriculture biologique.

LA STROGANOV

4 PORTIONS

INGRÉDIENTS

30 ml (2 c. à soupe) huile d'olive
400 g (14 oz) steak de bœuf, coupé en lanières
5 ml (1 c. à thé) paprika doux
1 oignon, émincé
12 champignons de Paris, coupés en quartiers
Sel et poivre
1 gousse d'ail, hachée
60 ml (1/4 tasse) brandy
250 ml (1 tasse) vin rouge
150 ml (2/3 tasse) crème sure (fraîche épaisse)
30 ml (2 c. à soupe) persil frais, haché

PRÉPARATION

Dans une grande poêle, chauffer l'huile à feu vif et saisir le bœuf avec le paprika. Ajouter les oignons et les champignons. Assaisonner et cuire pendant 2 minutes. Ajouter l'ail et déglacer avec le brandy.

Ajouter le vin rouge. Laisser réduire le liquide de moitié. Retirer du feu et ajouter la crème sure et le persil. Remuer et servir sur des pâtes longues aux œufs.

LE SAVIEZ-VOUS?

Les Stroganov, célèbre famille bourgeoise de Russie qui a donné son nom à la fameuse sauce, auraient possédé près du quart de la fortune marchande de toute la Russie du XVIIe siècle.

LA RATATOUILLE

4 PORTIONS

INGRÉDIENTS

90 ml (6 c. à soupe) huile d'olive
500 ml (2 tasses) aubergine, coupée en cubes
1 poivron rouge, coupé en cubes
1 oignon rouge, coupé en cubes
1 courgette, coupée en cubes
4 branches de thym frais
2 gousses d'ail, hachées
1 feuille de laurier
30 ml (2 c. à soupe) persil frais, haché
2 tomates, coupées en cubes
Sel et poivre

PRÉPARATION

La ratatouille classique demande qu'on cuise les ingrédients séparément. Toutefois, il faut toujours conserver la même poêle.

Dans une grande poêle :

Chauffer 30 ml (2 c. à soupe) d'huile d'olive et faire sauter les aubergines. Réserver dans un grand bol.

Chauffer 15 ml (1 c. à soupe) d'huile d'olive et faire sauter le poivron. Réserver.

Chauffer 15 ml (1 c. à soupe) d'huile d'olive et faire sauter l'oignon. Réserver.

Chauffer 15 ml (1 c. à soupe) d'huile d'olive et faire sauter la courgette. Réserver.

Chauffer 15 ml (1 c. à soupe) d'huile d'olive et infuser le thym, l'ail et le laurier. Ajouter tous les légumes sautés, le persil et les tomates. Assaisonner et bien remuer. Laisser mijoter 6 à 8 minutes.

Servir immédiatement sur des gnocchis ou déguster froide.

LE SAVIEZ-VOUS?

Le mot « ratatouille » est utilisé dans toutes les langues. À l'origine, il désignait un ragoût hétéroclite, traditionnellement accompagné de riz ou de pain.

27

SAUCISSE FENOUIL CITRON

4 PORTIONS

INGRÉDIENTS

2 saucisses italiennes douces ou piquantes
30 ml (2 c. à soupe) huile d'olive
5 ml (1 c. à thé) graines de fenouil, broyées
1 fenouil, émincé
2 gousses d'ail, hachées
125 ml (1/2 tasse) vin blanc
125 ml (1/2 tasse) crème 35 % (entière)
Zeste et jus de 1/2 citron
Sel et poivre

PRÉPARATION

Plonger les saucisses dans l'eau bouillante et cuire pendant 5 minutes. Retirer de l'eau et couper en tranches de 1 cm (1/2 po) d'épaisseur.

Dans une poêle, chauffer l'huile et saisir les saucisses afin de les colorer. Ajouter les graines de fenouil et le fenouil, et bien les colorer. Ajouter l'ail et remuer. Déglacer avec le vin blanc et cuire 1 minute. Ajouter la crème, le zeste et le jus de citron. Assaisonner. Laisser mijoter jusqu'à l'obtention d'une sauce onctueuse. Servir sur des linguines aux épinards.

LE SAVIEZ-VOUS?

Chez les anciens Anglo-Saxons, le fenouil était une des neuf herbes sacrées qui pouvaient combattre les neuf causes possibles de la maladie.

SAUCE DE L'ALGARVE

4 PORTIONS

LE SAVIEZ-VOUS?

En 1996, chaque Portugais a consommé 57 kg de poisson, principalement de la sardine.

INGRÉDIENTS

5 ml (1 c. à thé) safran
60 ml (1/4 tasse) eau chaude
15 ml (1 c. à soupe) beurre
1 oignon, ciselé
75 g (3 tranches) bacon, émincé (lardons)
1 gousse d'ail, hachée
4 sardines sans arêtes en conserve
30 ml (2 c. à soupe) noix de pin (pignons), rôties
30 ml (2 c. à soupe) raisins de Corinthe
5 ml (1 c. à thé) vinaigre de xérès
125 ml (1/2 tasse) crème 35 % (entière)
30 ml (2 c. à soupe) persil frais
Sel et poivre

PRÉPARATION

Infuser le safran dans l'eau chaude pendant 15 minutes.

Dans une poêle, faire fondre le beurre et cuire l'oignon et le bacon pendant 3 minutes. Ajouter l'ail, les sardines, les noix de pins, les raisins et cuire 2 minutes. Ajouter le safran et l'eau, le vinaigre, la crème et le persil. Cuire encore 2 minutes. Assaisonner, bien remuer et servir sur des pâtes courtes.

À LA GIGI

4 PORTIONS

INGRÉDIENTS

15 ml (1 c. à soupe) huile d'olive
1 oignon, ciselé
12 champignons de Paris, coupés en quartiers
8 tranches de prosciutto, coupées en lanières
60 ml (2 oz) brandy
250 ml (1 tasse) tomates broyées en conserve
80 ml (1/3 tasse) crème 35 % (entière)
Sel et poivre
Parmesan frais, râpé

PRÉPARATION

Dans une grande poêle, chauffer l'huile et faire revenir l'oignon. Ajouter les champignons et le prosciutto. Cuire 3 minutes. Déglacer avec le brandy et laisser mijoter 1 minute. Ajouter les tomates et la crème, puis assaisonner. Réduire jusqu'à l'obtention d'une consistance onctueuse. Servir sur des tortellinis et garnir généreusement de parmesan râpé et d'un peu de basilic frais.

RAGOÛT BŒUF CHAMPIGNONS

4 PORTIONS

INGRÉDIENTS

60 ml (1/4 tasse) huile végétale
1 kg (2,2 lb) rôti de palette, coupé en cubes
2 oignons, ciselés
2 branches de romarin
24 petits champignons de Paris entiers
156 ml (1 boîte) pâte de tomate
250 ml (1 tasse) vin blanc
2 tomates, coupées en dés
500 ml (2 tasses) bouillon de bœuf
Sel et poivre
80 ml (1/3 tasse) persil frais, haché
80 ml (1/3 tasse) crème 35 % (entière) (facultatif)

PRÉPARATION

Dans une grande cocotte, chauffer l'huile et saisir les cubes de viande à feu vif. Ajouter l'oignon, le romarin, les champignons et la pâte de tomate. Cuire 2 minutes. Déglacer avec le vin blanc. Ajouter les tomates et le bouillon de bœuf, puis assaisonner. Couvrir et cuire au four à 150°C (300°F) pendant 3 heures.

Retirer du four, puis ajouter le persil et la crème. Réduire sur le feu jusqu'à l'obtention d'une sauce onctueuse. Remuer pour effilocher les cubes de bœuf. Servir sur des coquilles.

FESTIN D'AUTOMNE

4 PORTIONS

INGRÉDIENTS POUR LA COURGE RÔTIE

500 ml (2 tasses) courge musquée, pelée, épépinée et coupée
en cubes de 2 cm (1 po)
3 branches de thym frais
30 ml (2 c. à soupe) huile d'olive
Sel et poivre

INGRÉDIENTS POUR LA SAUCE

15 ml (1 c. à soupe) beurre
2 échalotes, émincées
4 tranches de prosciutto, coupées en lanières
60 ml (1/4 tasse) vin blanc
6 feuilles de sauge fraîche, hachées
180 ml (3/4 tasse) bouillon de poulet
Zeste de 1/2 citron
60 ml (1/4 tasse) crème 35 % (entière)
Sel et poivre
Graines de citrouille rôties

PRÉPARATION

Pour la courge rôtie, dans un bol, combiner les cubes de courge,
les branches de thym, l'huile, le sel et le poivre. Mélanger, étaler
sur une plaque à pâtisserie, puis mettre au four à 200°C (400°F)
pendant 30 minutes.

Dans une grande casserole, chauffer le beurre et faire revenir
les échalotes et le prosciutto. Ajouter la courge rôtie, le vin blanc,
la sauge, le bouillon de poulet, le zeste de citron et la crème.
Remuer et écraser quelques-uns des cubes de courge à la four-
chette. Réduire de 3 à 4 minutes ou jusqu'à l'obtention d'une
sauce onctueuse. Assaisonner.

Servir sur des spaghettis aux poivrons et garnir des graines de
citrouilles.

TRUC DÉCADENT

Vous aimez le fromage? Succombez à l'envie
d'ajouter du fromage de chèvre ou du mascar-
pone à cette recette!

SPAGHETTIS BOULETTES

6 PORTIONS

INGRÉDIENTS POUR LES BOULETTES

250 ml (1 tasse) mie de pain
125 ml (1/2 tasse) crème 15 % (légère)
15 ml (1 c. à soupe) thym frais, haché
1 branche de romarin frais, effeuillée
60 ml (1/4 tasse) parmesan frais, râpé
450 g (1 lb) bœuf haché
450 g (1 lb) porc haché
1 œuf
Sel et poivre

INGRÉDIENTS POUR LA SAUCE

15 ml (1 c. à soupe) huile d'olive
1 oignon, ciselé
125 ml (1/2 tasse) vin rouge
1 l (4 tasses) sauce tomate classique (voir recette page 032)

PRÉPARATION

Au robot, mélanger la mie de pain, la crème, le thym, le romarin et le parmesan.

Dans un bol, combiner le mélange précédent au bœuf, au porc et à l'œuf. Assaisonner. Former des boulettes d'environ 3 cm (1 1/2 po) de diamètre. Réserver au réfrigérateur.

Dans une cocotte, chauffer l'huile d'olive. Faire revenir l'oignon, déglacer avec le vin rouge et poser les boulettes au fond de la cocotte. Recouvrir le tout de la sauce tomate. Couvrir et cuire pendant 30 minutes à feu doux.

Servir sur des spaghettis.

CHORIZO POIVRONS GRILLÉS

4 PORTIONS

INGRÉDIENTS

2 poivrons rouges
8 tomates séchées
60 ml (1/4 tasse) eau
15 ml (1 c. à soupe) huile d'olive
1 oignon, ciselé
250 ml (1 tasse) chorizo, coupé en rondelles
2 gousses d'ail, hachées
Sel et poivre
60 ml (1/4 tasse) persil frais, haché

PRÉPARATION

Pour les poivrons grillés, badigeonner les poivrons d'huile végé-tale et les disposer sur une plaque à pâtisserie. Mettre sous le gril du four et cuire 5 minutes de chaque côté ou jusqu'à ce que la peau noircisse et se décolle facilement. Laisser refroidir dans un grand bol couvert d'une pellicule plastique. Retirer ensuite la peau, le cœur et les pépins. Réserver.

Au robot, broyer les poivrons grillés avec les tomates séchées et incorporer l'eau. Réserver.

Dans une casserole, chauffer l'huile et faire revenir l'oignon et le chorizo pendant 2 minutes. Ajouter l'ail et remuer. Ajouter le mélange de tomates et de poivrons. Assaisonner. Laisser mijoter de 2 à 3 minutes. Incorporer le persil et servir sur des raviolis au fromage.

TRUC DÉCADENT

Si vous n'avez pas le temps de faire griller des poivrons, utilisez des poivrons grillés du com-merce, disponibles en conserve ou dans l'huile.

SAUCE BOUQUET

4 PORTIONS

INGRÉDIENTS

Chair de 2 saucisses italiennes
1/2 brocoli, coupé en petits bouquets
30 ml (2 c. à soupe) huile d'olive
2 gousses d'ail, hachées
Sel et poivre
80 ml (1/3 tasse) vin blanc
125 ml (1/2 tasse) eau
80 ml (1/3 tasse) crème 35 % (entière)
Zeste de 1/2 citron
250 ml (1 tasse) fromage gruyère, râpé
30 ml (2 c. à soupe) fromage à la crème (fromage à tartiner)

PRÉPARATION

Dans une grande poêle, faire revenir la chair des saucisses et le brocoli dans l'huile d'olive. Ajouter l'ail et faire revenir 2 à 3 minutes. Assaisonner.

Incorporer le vin blanc, l'eau, la crème et le zeste de citron. Laisser réduire quelques minutes. Ajouter le gruyère et le fromage à la crème, bien remuer et servir sur des pâtes courtes.

LE SAVIEZ-VOUS?

Le brocoli est très riche en vitamine C, mais il n'est une source de fer que pour les hommes.

PÉTONCLES TOMATES CORIANDRE

4 PORTIONS

INGRÉDIENTS

15 ml (1 c. à soupe) huile d'olive
12 pétoncles moyens, sans le muscle
4 oignons verts, émincés
2 gousses d'ail, hachées
80 ml (1/3 tasse) vin blanc
4 tomates, coupées en dés
4 gouttes de sauce Tabasco
Sel et poivre
125 ml (1/2 tasse) coriandre fraîche, hachée

PRÉPARATION

Dans une poêle antiadhésive, chauffer l'huile à feu vif. Saisir les pétoncles sur un côté afin de bien les dorer. Ajouter les oignons verts et l'ail.

Déglacer au vin blanc. Ajouter les tomates et la sauce Tabasco. Assaisonner. Laisser réduire 2 minutes avant d'ajouter la coriandre et de servir sur des spaghettis trois couleurs.

TRUC DÉCADENT

Votre portefeuille ne vous permet pas les pétoncles? Optez pour un poisson blanc comme le rouget et vous vous régalerez tout autant!

LA SAUCE SOUS-BOIS

4 PORTIONS

INGRÉDIENTS

15 ml (1 c. à soupe) beurre
12 morilles moyennes, nettoyées et coupées en 2
1 échalote, ciselée
125 ml (1/2 tasse) noix de Grenoble (cerneaux de noix),
rôties et hachées
30 ml (2 c. à soupe) brandy
180 ml (3/4 tasse) crème 35 % (entière)
2 ml (1/2 c. à thé) noix de muscade, râpée
5 ml (1 c. à thé) vinaigre de xérès
Sel et poivre

PRÉPARATION

Dans une grande poêle, faire fondre le beurre. Faire revenir les morilles et l'échalote. Ajouter les noix de Grenoble et le brandy, puis flamber. Incorporer la crème, la muscade et le vinaigre. Assaisonner. Cuire à feu doux 6 à 8 minutes ou jusqu'à l'obtention d'une sauce onctueuse. Servir sur des pappardelles.

LE SAVIEZ-VOUS?

À l'unanimité, les meilleures morilles sont les plus foncées, au pied court et au chapeau rond. Consommez-les absolument cuites, car la morille crue est toxique.

GORGONZOLA DE LUXE

4 PORTIONS

INGRÉDIENTS

15 ml (1 c. à soupe) beurre
2 branches de thym frais
8 tranches de prosciutto, coupées en lanières
250 ml (1 tasse) bouillon de poulet
125 ml (1/2 tasse) crème 35 % (entière)
60 ml (1/4 tasse) fromage bleu, émietté
Sel et poivre
500 ml (2 tasses) bébés épinards

PRÉPARATION

Dans une grande poêle, faire fondre le beurre et faire revenir le thym et le prosciutto. Ajouter le bouillon de poulet, la crème et le fromage bleu. Assaisonner, puis réduire jusqu'à l'obtention d'une consistance onctueuse.

Ajouter les épinards 30 secondes avant la fin de la cuisson. Servir sur des pâtes longues, comme des zitis.

LE SAVIEZ-VOUS?

Le fromage gorgonzola, fabriqué dans la commune du même nom, est obtenu par l'affinage du lait dans des cavités rocheuses naturelles riches en souches de moisissures spécifiques.

SAUCE GOURMANDE

4 PORTIONS

INGRÉDIENTS

15 ml (1 c. à soupe) beurre
2 oignons, ciselés
180 ml (3/4 tasse) lardons
2 branches de thym frais
2 champignons portobellos, émincés
125 ml (1/2 tasse) vin rouge
250 ml (1 tasse) demi-glace du commerce
125 ml (1/2 tasse) cheddar fort, râpé
Sel et poivre

PRÉPARATION

Dans une poêle, faire fondre le beurre et faire revenir les oignons, le bacon et le thym. Ajouter les champignons et faire sauter pendant 2 minutes. Ajouter le vin rouge et laisser réduire de moitié.

Ajouter la demi-glace et le cheddar fort. Assaisonner. Remuer et cuire encore 2 minutes. Servir sur des fusillis.

PESTO SOLEIL

4 PORTIONS

INGRÉDIENTS POUR LE PESTO

6 tomates séchées dans l'huile
Zeste de 1/2 orange
60 ml (1/4 tasse) eau
60 ml (1/4 tasse) noix de pin (pignons), rôties
125 ml (1/2 tasse) cheddar fort, râpé
80 ml (1/3 tasse) huile d'olive
30 ml (2 c. à soupe) ciboulette, ciselée

INGRÉDIENTS POUR LES CREVETTES

15 ml (1 c. à soupe) huile d'olive
12 grosses crevettes, décortiquées
2 gousses d'ail, hachées
Sel et poivre

PRÉPARATION

Au robot, combiner les tomates séchées, le zeste d'orange, l'eau, les noix de pin et le cheddar. Réduire en purée. Verser l'huile en filet afin d'obtenir un pesto onctueux. Ajouter la ciboulette à la toute fin.

Dans une poêle, chauffer l'huile d'olive et saisir les crevettes. Ajouter l'ail et cuire de 2 à 3 minutes. Assaisonner. Ajouter du pesto et servir sur les pâtes de votre choix.

 **LE SAVIEZ-VOUS?**

Il ne faut pas confondre le pesto avec le « pistou », une sauce provençale de basilic et d'ail pilés dans l'huile d'olive, mais qui ne contient pas de noix ni de fromage.

LA PRIMAVERA RICOTTA

4 PORTIONS

INGRÉDIENTS

60 ml (1/4 tasse) huile d'olive
2 gousses d'ail, écrasées
2 ml (1/2 c. à thé) piment fort broyé
1/2 oignon rouge, émincé
1 poivron jaune, coupé en julienne
1 carotte, coupée en julienne
8 tomates cerises, coupées en quartiers
12 pois mange-tout (pois gourmands), coupés en julienne
1 courgette, coupée en julienne
30 ml (2 c. à soupe) origan frais, haché
Sel et poivre
125 ml (1/2 tasse) ricotta

PRÉPARATION

Dans une grande poêle, chauffer l'huile d'olive, l'ail et le piment fort à feu doux pendant 5 minutes afin d'infuser l'huile. Retirer les gousses lorsqu'elles sont dorées. Augmenter le feu et saisir l'oignon, la carotte et le poivron. Cuire pendant 3 minutes. Ajouter tous les autres légumes. Cuire encore 2 minutes.

Ajouter des capellinis cuits et l'origan. Assaisonner et mélanger. Ajouter des petites boulettes de ricotta et servir aussitôt.

SAUCE OLIVIA

4 PORTIONS

INGRÉDIENTS

45 ml (3 c. à soupe) huile d'olive
1 gousse d'ail, écrasée
2 ml (1/2 c. à thé) piment fort broyé
60 ml (1/4 tasse) câpres, rincées et hachées
60 ml (1/4 tasse) olives vertes dénoyautées, hachées
60 ml (1/4 tasse) olives noires dénoyautées, hachées
250 ml (1 tasse) tomates italiennes, coupées en cubes
8 feuilles de basilic frais, émincées
30 ml (2 c. à soupe) origan frais, haché
60 ml (1/4 tasse) fromage de chèvre
Poivre

PRÉPARATION

Dans une poêle, chauffer l'huile à feu doux et cuire l'ail jusqu'à ce qu'il commence à dorer. Retirer la gousse et ajouter le piment fort, les câpres et les olives. Cuire pendant 2 minutes et ajouter les tomates.

Cuire encore 5 minutes, ajouter le basilic, l'origan, le chèvre et le poivre, puis servir sur des fettuccinis.

TAPENADE EN NOIR ET BLANC

4 PORTIONS

INGRÉDIENTS

15 ml (1 c. à soupe) huile d'olive
1 échalote, émincée
1 gousse d'ail, émincée
125 ml (1/2 tasse) olives kalamata, rincées
Zeste de 1/2 citron
30 ml (2 c. à soupe) câpres
125 ml (1/2 tasse) huile d'olive

PRÉPARATION

Dans une poêle, chauffer l'huile et faire revenir les échalotes et l'ail.

Au robot, combiner les olives, le zeste, les câpres et le mélange d'échalote. Ajouter l'huile en filet afin d'obtenir une tapenade onctueuse.

Mélanger à des farfalles.

TRUC DÉCADENT

Pour mieux vous sustenter, ajoutez des morceaux de porc, de poulet ou de poisson blanc poêlés à cette recette.

SAUCE SAFRAN DU PÊCHEUR

4 PORTIONS

INGRÉDIENTS

2 ml (1/2 c. à thé) safran
125 ml (1/2 tasse) eau chaude
15 ml (1 c. à soupe) beurre
125 ml (1/2 tasse) crevettes nordiques
2 calmars entiers, sans la tête et les nageoires, nettoyés et coupés en rondelles
125 ml (1/2 tasse) palourdes en conserve, égouttées et rincées
125 ml (1/2 tasse) chorizo sec, coupé en demi-rondelles
2 gousses d'ail, hachées
12 tomates cerises, coupées en 2
125 ml (1/2 tasse) vin blanc
80 ml (1/3 tasse) crème 35 % (entière)
125 ml (1/2 tasse) petits pétoncles
500 ml (2 tasses) bébés épinards, grossièrement hachés
4 gouttes de sauce Tabasco
Jus de 1/2 citron
Sel et poivre

PRÉPARATION

Infuser le safran dans l'eau chaude pendant 15 minutes.

Dans une grande casserole, faire fondre le beurre et faire revenir les crevettes, les calmars, les palourdes et le chorizo. Ajouter l'ail, les tomates cerises, le safran, l'eau et le vin blanc. Réduire pendant 2 minutes et ajouter le reste des ingrédients. Assaisonner et cuire de 3 à 4 minutes.

Mélanger à des grosses coquilles et servir.

 LE SAVIEZ-VOUS?

Le fer contenu dans les épinards est mieux assimilé si on le consomme avec des aliments riches en vitamine C (agrumes, poivrons, etc.).

LA SAUVAGE

4 PORTIONS

INGRÉDIENTS

250 ml (1 tasse) champignons sauvages déshydratés
8 tomates séchées, coupées en fines lanières
250 ml (1 tasse) bouillon de poulet, chaud
15 ml (1 c. à soupe) huile d'olive
2 oignons verts, émincés
60 ml (1/4 tasse) pacanes (noix de pécan), hachées
1 gousse d'ail, hachée
125 ml (1/2 tasse) vin blanc
Sel et poivre
500 ml (2 tasses) roquette

PRÉPARATION

Réhydrater les champignons et les tomates dans le bouillon de poulet chaud pendant 20 minutes.

Retirer les champignons et les tomates, et conserver le bouillon. Dans une grande poêle, chauffer l'huile d'olive et faire revenir les oignons verts, les champignons et les tomates pendant 3 minutes. Ajouter les pacanes et l'ail, puis continuer la cuisson 1 minute. Déglacer avec le vin blanc et ajouter le bouillon de poulet. Assaisonner. Réduire le liquide de moitié. Ajouter la roquette et servir sur des capellinis.

LE SAVIEZ-VOUS?

La science étudiant les champignons est la mycologie.

BOULETTES TROIS COULEURS

4 PORTIONS

INGRÉDIENTS

Chair de 2 saucisses italiennes
30 ml (2 c. à soupe) huile d'olive
2 poivrons rouges, coupés en dés
1 oignon, ciselé
2 gousses d'ail, hachées
125 ml (1/2 tasse) vin rouge
250 ml (1 tasse) tomates en dés en conserve
Sel et poivre
Basilic frais, haché

PRÉPARATION

Avec les mains, former des petites boulettes avec la chair de saucisse.

Dans une grande poêle antiadhésive, chauffer l'huile et saisir les boulettes de saucisse avec les poivrons rouges et l'oignon. Ajouter l'ail et déglacer au vin rouge. Ajouter les tomates en dés et assaisonner. Laisser mijoter 10 minutes. Incorporer le basilic et servir sur des pennes.

LA PURISTE

4 PORTIONS

INGRÉDIENTS

60 ml (1/4 tasse) huile d'olive de très bonne qualité
4 gousses d'ail, écrasées
7 ml (1/2 c. à soupe) piment fort broyé
30 ml (2 c. à soupe) eau de cuisson des pâtes
Sel et poivre

PRÉPARATION

Dans une poêle, chauffer l'huile à feu doux avec les gousses d'ail 5 à 10 minutes ou jusqu'à ce qu'elles commencent à dorer. Retirer les gousses, ajouter le piment et cuire à feu doux 2 à 3 minutes afin de parfumer l'huile.

Ajouter les pâtes cuites de votre choix et l'eau de cuisson. Assaisonner, remuer et servir.

 **LE SAVIEZ-VOUS?**

Les propriétés antioxydantes de l'ail cru diminue-raient de beaucoup avec la cuisson.

 TRUC DÉCADENT

Saupoudrez les pâtes de parmesan frais et décorez-les de persil haché pour ajouter de la saveur à ces pâtes très simples. Mais sachez qu'en bon puriste, on les préfère sans ornement.

47

LA PUTTANESCA AU THON

4 PORTIONS

INGRÉDIENTS

30 ml (2 c. à soupe) huile d'olive
8 filets d'anchois
1 oignon, ciselé
5 ml (1 c. à thé) piment fort broyé
2 gousses d'ail, hachées
30 ml (2 c. à soupe) câpres, rincées et hachées
125 ml (1/2 tasse) olives noires, dénoyautées, rincées et hachées
375 ml (1 1/2 tasse) tomates en dés en conserve
170 g (1 boîte) thon, égoutté
Sel et poivre

PRÉPARATION

Dans une poêle, chauffer l'huile d'olive et faire revenir les anchois, l'oignon, le piment et l'ail pendant 5 minutes. Incorporer les câpres, les olives, les tomates et le thon. Assaisonner, couvrir et laisser mijoter à feu doux 15 minutes. Servir sur des pâtes longues.

LE SAVIEZ-VOUS?

Le mot «puttanesca» en italien signifie «à la manière des putes». Certains disent que le nom vient du fait que les prostituées cuisinaient cette sauce, parce qu'elle était peu chère et rapide à préparer entre deux clients.

LA RAGÜ

4 PORTIONS

INGRÉDIENTS

60 ml (1/4 tasse) huile d'olive
225 g (1/2 lb) petits cubes de bœuf à braiser
225 g (1/2 lb) petits cubes de porc à braiser
125 ml (1/2 tasse) petits lardons
2 oignons, ciselés
2 carottes, pelées et coupées en dés
2 branches de céleri, coupées en dés
4 gousses d'ail, hachées
96 ml (1 boîte) pâte de tomate
250 ml (1 tasse) vin rouge
796 ml (1 boîte) tomates en dés
1 feuille de laurier
Fines herbes au choix (origan, thym, romarin...)
Sel et poivre

PRÉPARATION

Dans une cocotte, chauffer l'huile et saisir la viande. Une fois bien colorée, la retirer de la cocotte, puis saisir les lardons, les oignons, les carottes, le céleri et l'ail pendant environ 5 minutes. Ajouter la pâte de tomate et continuer la cuisson 2 minutes. Ajouter la viande, le vin rouge, les tomates, le laurier et les autres herbes. Assaisonner.

Couvrir et cuire 2 à 3 heures au four à 150°C (300°F). Servir sur des pâtes longues.

LA COURGE SPAGHETTI

4 PORTIONS

TRUC DÉCADENT

Vous fuyez les féculents? Augmentez simplement la quantité de courge et vous n'aurez pas à utiliser de pâtes avec cette délicieuse recette.

INGRÉDIENTS POUR LA COURGE SPAGHETTI

45 ml (3 c. à soupe) huile d'olive
1/2 courge spaghetti, sans les graines
Sel et poivre

INGRÉDIENTS POUR LA SAUCE

15 ml (1 c. à soupe) huile d'olive
150 g (6 tranches) bacon, coupé en lanières (lard fumé maigre)
1 oignon, ciselé
375 ml (1 1/2 tasse) sauce tomate classique
(voir recette page 032)
125 ml (1/2 tasse) basilic frais, émincé
80 ml (1/3 tasse) parmesan frais, râpé

PRÉPARATION

Arroser l'intérieur de la courge avec 30 ml (2 c. à soupe) d'huile d'olive. Assaisonner et poser chair vers le haut sur une plaque à pâtisserie. Cuire à 175°C (350°F) durant 45 minutes ou jusqu'à ce que la chair se retire avec une cuillère.

Retirer la chair de la courge et réserver.

Dans une grande poêle, chauffer l'huile et faire revenir le bacon et les oignons. Ajouter la courge spaghetti, remuer et cuire durant 2 minutes. Ajouter la sauce tomate classique et laisser mijoter 5 à 6 minutes. Ajouter le basilic, le parmesan, et servir sur des spaghettis.

Version express : Couper la courge en quatre et retirer les pépins. Placer les quartiers dans un contenant couvert avec un fond d'eau. Cuire la courge spaghetti pendant 12 minutes au micro-ondes.

OIGNONS CARAMEL

4 PORTIONS

LE SAVIEZ-VOUS?

La caramélisation est une technique qui consiste à faire ressortir le sucre d'un aliment, qui acquiert ainsi une couleur brune et un goût de noisette. Cette coloration d'un aliment s'appelle la réaction de Maillard.

TRUC DÉCADENT

Vos enfants font la grimace à la vue d'oignons? Broyez cette sauce pour obtenir une texture lisse et ils raffoleront de son goût sucré!

INGRÉDIENTS

15 ml (1 c. à soupe) beurre
1 branche de romarin frais
4 oignons, émincés
15 ml (1 c. à soupe) sucre
125 ml (1/2 tasse) eau
500 ml (2 tasses) sauce tomate classique (voir recette page 032)
Sel et poivre

PRÉPARATION

Dans une grande casserole, chauffer le beurre et ajouter le romarin, les oignons et le sucre. Cuire pendant 20 minutes à feu moyen en remuant de temps à autre afin de faire caraméliser les oignons. Bien remuer à chaque fois que le fond de la casserole commence à brunir. Ajouter l'eau, remuer et cuire jusqu'à ce que le liquide soit complètement évaporé.

Ajouter la sauce tomate classique. Saler et poivrer. Assaisonner et laisser mijoter 5 minutes. Servir sur les pâtes de votre choix.

LES TOMATES CONFITES

4 PORTIONS

INGRÉDIENTS

12 tomates italiennes, sans le pédoncule et coupées en 2
4 gousses d'ail, tranchées finement
4 branches de thym frais
4 branches de romarin frais
5 ml (1 c. à thé) sel
5 ml (1 c. à thé) poivre
15 ml (1 c. à soupe) sucre
125 ml (1/2 tasse) huile d'olive

PRÉPARATION

Sur une plaque allant au four, étendre les tomates, l'intérieur vers le haut. Poser une tranche d'ail sur chacune, puis disposer les branches de thym et de romarin. Saupoudrer de sel, de poivre et de sucre. Arroser généreusement d'huile d'olive.

Cuire les tomates au four à 135°C (275°F) pendant 3 heures.

Servir entières, hachées grossièrement ou réduites en purée avec les pâtes de votre choix.

 TRUC DÉCADENT

N'oubliez pas de récupérer l'huile au fond de la plaque de cuisson! Mélangez-la à vos pâtes ou conservez-la pour d'autres recettes.

DÉLICE THAÏLANDAIS

4 PORTIONS

INGRÉDIENTS

15 ml (1 c. à soupe) huile de canola (colza)
15 ml (1 c. à soupe) huile de sésame
1/2 poireau, coupé en brunoise
2 gousses d'ail, hachées finement
30 ml (2 c. à soupe) gingembre frais, pelé et haché finement
60 ml (1/4 tasse) sauce soja
60 ml (1/4 tasse) sauce aux huîtres
15 ml (1 c. à soupe) cassonade (sucre brun)
60 ml (1/4 tasse) huile de canola (colza)
30 ml (2 c. à soupe) graines de sésame blanches et noires, rôties
60 ml (1/4 tasse) ciboulette, hachée

PRÉPARATION

Dans une casserole, chauffer l'huile de sésame et l'huile de canola. Faire revenir le poireau, l'ail et la moitié du gingembre. Ajouter ensuite la sauce soja, la sauce aux huîtres, la cassonade et l'huile de canola. Laisser mijoter pendant 10 minutes.

Retirer du feu et mettre le reste du gingembre ainsi que les graines de sésame et la ciboulette. Servir avec des vermicelles de riz et les légumes sautés de votre choix.

LE SAVIEZ-VOUS?

En Inde, les graines de sésame sont considérées comme un symbole d'immortalité.

LE MAC & CHEESE

4 PORTIONS

INGRÉDIENTS

60 ml (1/4 tasse) beurre
45 ml (3 c. à soupe) farine
15 ml (1 c. à soupe) moutarde en poudre
2 ml (1/2 c. à thé) paprika doux
750 ml (3 tasses) lait
Sel et poivre
500 ml (2 tasses) cheddar fort, râpé
ou 125 ml (1/2 tasse) parmesan
et 375 ml (1 1/2 tasse) gruyère, râpé
30 ml (2 c. à soupe) beurre
180 ml (3/4 tasse) chapelure ou panko

PRÉPARATION

Dans une grande casserole, faire fondre le beurre et ajouter la farine. Remuer et cuire 30 secondes afin d'éliminer les grumeaux. Ajouter la moutarde et le paprika et remuer. Ajouter le lait très progressivement en fouettant sans cesse. Assaisonner. Laisser mijoter le mélange sans cesser de fouetter afin que la sauce épaississe.

Ajouter le fromage et remuer pour bien l'incorporer à la sauce.

Ajouter les macaronis cuits et verser dans un plat allant au four.

Faire fondre les 30 ml (2 c. à soupe) de beurre au micro-ondes. Verser sur la chapelure et mélanger. Parsemer le dessus du macaroni de ce mélange.

Cuire au four pendant 20 minutes à 175°C (350°F) ou jusqu'à ce que la chapelure soit dorée.

TRUC DÉCADENT

Ajoutez des saucisses à hot-dog (ou une autre variété) coupées en tronçons pour vous rappeler le goût de votre enfance!

LA FORESTIÈRE

4 PORTIONS

INGRÉDIENTS

180 ml (3/4 tasse) champignons porcini (cèpes) séchés
ou 500 ml (2 tasses) champignons porcini frais, émincés
30 ml (2 c. à soupe) huile d'olive
1 oignon, ciselé
80 ml (1/3 tasse) vin blanc
30 ml (2 c. à soupe) eau de cuisson des pâtes
60 ml (1/4 tasse) persil frais, haché
Sel et poivre
Copeaux de parmesan frais

PRÉPARATION

Réhydrater les champignons en les immergeant dans l'eau pendant 15 minutes. Égoutter.

Chauffer une grande poêle et y mettre les champignons (sans corps gras), afin que leur surplus d'eau s'évapore. Ajouter l'huile d'olive et l'oignon. Faire revenir pendant quelques minutes. Ajouter le vin blanc, 30 ml (2 c. à soupe) d'eau de cuisson des pâtes et le persil. Assaisonner. Servir avec des pennes et garnir de copeaux de parmesan.

LE SAVIEZ-VOUS?

En français, « cèpe » est un nom courant ambigu pouvant désigner plusieurs espèces différentes de champignons. Ce champignon est aussi appelé « bolet » ou champignon « porcini ».

LA
ALFREDO

4 PORTIONS

INGRÉDIENTS

180 ml (3/4 tasse) crème 35 % (entière)
Sel
Poivre noir du moulin
180 ml (3/4 tasse) parmesan frais, râpé

PRÉPARATION

Dans une grande poêle, verser la crème, le sel et le poivre. Chauffer pendant 2 minutes afin de faire réduire la crème, puis ajouter les fettuccinis et le parmesan. Mélanger et servir.

Ces pâtes sont un accompagnement simple et parfait pour n'importe quel plat, mais vous pouvez aussi y ajouter d'autres ingrédients pour en faire un plat principal.

TRUC DÉCADENT

Mélangez les cultures : au lieu du parmesan, agrémentez cette recette italienne d'un fromage typiquement suisse, le gruyère de grotte.

LA PIÉMONTAISE

4 PORTIONS

INGRÉDIENTS

30 ml (2 c. à soupe) beurre
1 échalote, ciselée
500 ml (2 tasses) champignons sauvages
(pleurotes, girolles, pieds bleus, etc.)
250 ml (1 tasse) demi-glace
2 ml (1/2 c. à thé) muscade
5 ml (1 c. à thé) pâte de truffes (facultatif)
Sel et poivre
60 ml (1/4 tasse) parmesan frais, râpé

PRÉPARATION

Dans une poêle, faire fondre le beurre et faire sauter les échalotes et les champignons.

Ajouter la demi-glace, la muscade et la pâte de truffes. Réduire jusqu'à l'obtention d'une consistance onctueuse. Assaisonner.

Ajouter le parmesan, remuer et servir sur des pâtes longues aux œufs.

 LE SAVIEZ-VOUS?

La truffe blanche d'Alba est le trésor du Piémont. Produit rare, elle est la plus recherchée et la plus chère sur le marché. En 2005, une truffe blanche d'environ un kilo a été achetée pour 95 000 euros. On lui attribue aussi des pouvoirs aphrodisiaques.

LA BÉCHAMEL

4 PORTIONS

LE SAVIEZ-VOUS?

La béchamel est considérée comme la reine des sauces selon Auguste Escoffier. Elle est utilisée dans la confection d'autres sauces et de nombreux plats, dont la lasagne.

TRUC DÉCADENT

Parfumez la béchamel à toutes les saveurs : un peu de purée de courge ou d'aubergine, quelques épinards hachés, un filet de pesto... Laissez aller votre imagination!

INGRÉDIENTS

45 ml (3 c. à soupe) beurre
1 oignon, ciselé
45 ml (3 c. à soupe) farine
500 ml (2 tasses) lait
2 ml (1/2 c. à thé) noix de muscade, râpée
Sel et poivre

PRÉPARATION

Dans une casserole, faire fondre le beurre et faire revenir l'oignon. Ajouter la farine et cuire 30 secondes en remuant pour éliminer les grumeaux. Ajouter 60 ml (1/4 tasse) de lait et fouetter. Ajouter le reste du lait progressivement en fouettant sans cesse. Incorporer la muscade et assaisonner. Laisser mijoter la sauce en fouettant jusqu'à ce qu'elle épaississe. Retirer du feu.

Étaler la béchamel sur la lasagne et gratiner au four.

LA SAUCE CINQ P

4 PORTIONS

INGRÉDIENTS

375 ml (1 1/2 tasse) sauce tomate classique
(voir recette page 032)
60 ml (1/4 tasse) parmesan
60 ml (1/4 tasse) crème 35 % (entière)
30 ml (2 c. à soupe) persil frais, haché
Poivre

PRÉPARATION

Faire chauffer la sauce tomate classique, ajouter le parmesan, la crème, le persil et le poivre.

Laisser mijoter quelques minutes, afin que la sauce prenne tout son goût. Servir sur des rotolos.

 **LE SAVIEZ-VOUS?**

La sauce *Cinque P* est une sauce italienne à base de tomates dont le nom provient de la première lettre de ses cinq ingrédients en italien : *panna* (crème), *pomodoro* (tomate), *parmigiano* (parmesan), *prezzemolo* (persil) et *pepe* (poivre).

59

LA BOLOGNAISE

4 PORTIONS

INGRÉDIENTS

1 oignon, coupé en 4
2 gousses d'ail
2 carottes, coupées en tronçons
2 branches de céleri, coupées en tronçons
10 champignons de Paris
15 ml (1 c. à soupe) huile d'olive
96 ml (1 boîte) pâte de tomate
450 g (1 lb) bœuf haché
250 ml (1 tasse) bouillon de bœuf
398 ml (1 boîte) jus de tomate
796 ml (1 boîte) tomates broyées
Sel et poivre
15 ml (1 c. à soupe) sucre
5 ml (1 c. à thé) piment fort broyé
2 feuilles de laurier
15 ml (1 c. à soupe) épices italiennes séchées

PRÉPARATION

Au robot, hacher grossièrement les oignons, l'ail, les carottes, le céleri et les champignons.

Dans une cocotte, chauffer l'huile et faire revenir les légumes. Ajouter la pâte de tomate et la viande hachée, puis continuer la cuisson encore 10 minutes. Ajouter le reste des ingrédients. Laisser mijoter à feu doux pendant 2 heures. Remuer régulièrement. Servir sur des spaghettis.

TRUC DÉCADENT

Viande de gibier ou champignons sauvages, voilà qui ajoutera un petit je-ne-sais-quoi à cette sauce traditionnelle!

LE GRATIN À TOUTES LES SAUCES

4 PORTIONS

INGRÉDIENTS

500 ml (2 tasses) fromage mozzarella, râpé
1 recette de pâtes de votre choix

PRÉPARATION

Étendre la mozzarella sur la recette de pâtes et la sauce de votre choix. Passer sous le gril du four jusqu'à ce que le fromage soit doré.

Vous direz que le gratin n'est pas une sauce.
Vous avez peut-être raison.

Il n'en reste pas moins une façon de réinventer n'importe quel reste de pâtes qui traînerait, quelque peu desséché, au réfrigérateur.

Pour éviter de confectionner de nouveau la sauce originale ou de se contenter d'une version rapide moins alléchante, faites un gratin qui donnera un second souffle à toutes vos recettes de sauce pour pâtes.

TRUC DÉCADENT

La mozzarella est le fromage qui dore le mieux, mais vous pouvez varier les fromages au gré de votre imagination.

INDEX DES INGRÉDIENTS

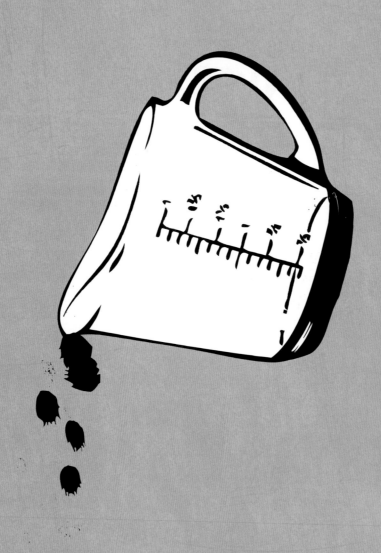

TABLE DE CONVERSION

1 cuillère à thé....... 1 cuillère à café........5 ml

1 cuillère à soupe.... 1 cuillère à table.......15 ml

1 dl.................... 10 cl......................100 ml

1 oz.................... 30 ml

1/4 tasse............. 60 ml

1/3 tasse............. 80 ml

1/2 tasse............. 125 ml

1 tasse................ 250 ml

4 tasses.............. 1 l

1 lb.................... 450 g

2 lb.................... 900 g

2,2 lb.................. 1 kg

300°F................. 150°C T/5

350°F................. 175°C T/6

400°F................. 200°C T/7

Conversion volume/poids des ingrédients
* Ces valeurs sont approximatives

---

1 tasse (250 ml) de fromage émietté.........150 g

1 tasse (250 ml) de farine tout usage ....115 g

1 tasse (250 ml) de sucre blanc..............200 g

1 tasse (250 ml) de sucre brun................220 g

1 tasse (250 ml) de beurre ....230 g

1 tasse (250 ml) d'huile.........................215 g

1 tasse (250 ml) de tomates en boîte........250 g

NOTES

DANS LA MÊME COLLECTION

LES 60 MEILLEURES
SALADES
DU MONDE... POINT FINAL.

LES 60 MEILLEURS
BURGERS
DU MONDE... POINT FINAL.

LES 60 MEILLEURES
BOÎTES À LUNCH
DU MONDE... POINT FINAL.

LES 60 MEILLEURES
RECETTES POUR ÉTUDIANTS
DU MONDE... POINT FINAL.

LES 60 MEILLEURES
PIZZAS
DU MONDE... POINT FINAL.

LES 60 MEILLEURS
PLATS GRATINÉS
DU MONDE... POINT FINAL.

LES 60 MEILLEURS
PLATS FARCIS
DU MONDE... POINT FINAL.

LES 60 MEILLEURS
SMOOTHIES SANTÉ
DU MONDE... POINT FINAL.

LES 60 MEILLEURES
SOUPES
DU MONDE... POINT FINAL.

LES 60 MEILLEURS
PLATS MIJOTÉS
DU MONDE... POINT FINAL.

LES 60 MEILLEURS
PLATS RÔTIS
DU MONDE... POINT FINAL.

LES 60 MEILLEURS
DESSERTS
DU MONDE... POINT FINAL.

LES 60 MEILLEURS
BRUNCHS
DU MONDE... POINT FINAL.

LES 60 MEILLEURS
PLATS VÉGÉTARIENS
DU MONDE... POINT FINAL.

LES 60 MEILLEURES
BROCHETTES
DU MONDE... POINT FINAL.

LES 60 MEILLEURES
RECETTES FESTIVES
DU MONDE... POINT FINAL.

 Découvrez les titres à venir et bien plus sur :

WWW.FACEBOOK.COM/LES60MEILLEURSDUMONDE